L'ABBÉ LOUIS BLAZY

CONTRIBUTION A L'HISTOIRE DU PAYS DE FOIX

DEUXIÈME SÉRIE

Documents divers concernant la ville de Foix à la fin du XVIIe siècle. — Une lettre autographe du marquis de Ségur, gouverneur général du pays de Foix. — Notice sur le maréchal de Ségur, dernier gouverneur général du pays de Foix. — Une lettre inédite du marquis de Gudanes. — Mémoire sur les appartements du château de Foix. — Vieux monuments et anciens châteaux du canton de Tarascon.

FOIX

IMPRIMERIE LAFONT DE SENTENAC

1905

AVANT-PROPOS

Sous la plume de son Rédacteur en Chef, La Tradition, *revue illustrée internationale du folklore* (1), *a rendu compte de notre première série d'études. M. de Beaurepaire-Froment écrit qu'on « n'est pas obligé de donner une unique étude historique suivie ; les différents sujets ou documents réunis dans un livre sont parfois des sources précieuses ». Loin de trouver que ce recueil manque d'homogénéité, il estime, au contraire, « qu'il constitue un ensemble de documents sur l'ancienne situation sociale » dans la province de Foix, et il nous loue de l'avoir publié. M. François Galabert, dans notre*

(1) Numéro de février 1904, pp. 52 et 53.

Bulletin *ariégeois* (2), *signale notre « esprit consciencieux et méthodique ». Qu'ils reçoivent tous deux nos sincères remerciements pour leurs bienveillantes appréciations.*

Ce sont là des encouragements qui nous invitent à donner, sous le même titre général de Contribution à l'Histoire du Pays de Foix, *une seconde série d'études analogues. Les amateurs de notre histoire locale nous pardonneront certainement de mettre ainsi côte à côte des documents d'inégale importance. Toutes ces pièces auront, croyons-nous, leur intérêt, plus tard, quand on entreprendra l'histoire définitive de notre pays.*

Daumazan, le 15 novembre 1905.

---

(2) *Bulletin de la Société Ariégeoise des Sciences, Lettres et Arts,* tome IX, pp. 395 et 396.

Documents divers concernant la Ville de Foix à la fin du XVIIe siècle.

Les minutiers sont pour les érudits et les chercheurs de véritables mines d'archives. Ils renferment des détails d'histoire locale très circonstanciés et éclairent bien souvent des points parfois obscurs de notre ancienne organisation civile et religieuse. On trouve généralement, chez les dépositaires officiels des actes publics, les registres des dix-septième et dix-huitième siècles ; on ne saurait trop les consulter pour des travaux historiques de toute sorte (1).

(1) On peut lire, dans cet ordre d'idées, la très instructive étude, publiée par M. Léonce Favatier dans la *Revue des Pyrénées* (tome II, année 1890, pp. 742-759), qui a pour titre : *De l'importance des registres de notaires avant la Révolution et des renseignements qu'ils peuvent fournir pour l'histoire générale ou locale.*

Un tabellion fuxéen de la fin du dix-septième siècle instrumenta, régulièrement peut-on dire, sur différents actes d'administration municipale; nous voudrions en signaler quelques-uns à l'attention de ceux de nos compatriotes qui s'intéressent aux choses du passé.

Voici d'abord quelques notes biographiques sur le *de cujus.* Me Pierre Bouquier exerça l'office de notaire dans la ville de Foix, pendant trente-trois ans, de 1680 à 1713. Ce sont, du moins, les dates extrêmes de ses minutes connues. En 1674, et très probablement bien avant, il tenait modestement une boutique d'apothicaire. Il avait déjà pris, à cette date, une étude de notaire qui lui avait coûté « fort cher », dit un mémoire du temps, mais qu'il avait dû abandonner n'ayant pas les moyens d'en payer la taxe (1). Selon toutes les apparences, il ne reprit que six ans après ces fonctions pour les exercer enfin définitivement. A l'office de notaire royal il joignait celui de secrétaire de l'Hôtel

(1) Voir notre première série de *Contribution à l'histoire du pays de Foix,* p. 38.

de Ville de Foix pour lequel il recevait à peine soixante livres de gages annuels. Cette place, très recherchée alors, lui avait été cédée par Me Barrau, son beau-père, qui l'occupait depuis le 22 avril 1631. Les fluctuations politiques n'existant pas à cette époque, cet emploi jouissait assez communément de l'inamovibilité. La fortune se rit parfois de nos divers cumuls ; elle ne sourit jamais, semble-t-il, à Bouquier qui mourut sur la brèche le 14 mars 1713 (1). L'acte de décès signale sa double qualité d'apothicaire et de notaire.

Les documents, tous inédits, que nous tirons de l'un de ses registres (2), offrent des données exactes, toujours curieuses à plusieurs siècles de distance, sur certains points administratifs en vigueur, à Foix, sous le règne de Louis XIV. La comparaison à établir et à poursuivre entre des actes de même nature, sûrement conservés dans les différentes minutes notariales de la

(1) Registres de l'état religieux de Saint-Volusien conservés aux archives de la ville de Foix.

(2) Il se trouve aux archives de l'Ariège, série E, et va de 1680 à 1685. Les autres minutiers sont chez Me Nicoulau.

ville, aiderait puissamment à écrire les chapitres définitifs d'une monographie fuxéenne complète. Cette publication est plutôt destinée à mettre en lumière une source d'archives insuffisamment explorée encore que de donner au lecteur une étude satisfaisante des sujets abordés. On ne trouvera donc ici que des notes très superficielles sur l'enseignement, la vie économique et l'organisation financière à Foix vers la fin du grand siècle.

I

L'enseignement primaire à Foix était, comme dans la plupart des petites villes et des gros bourgs du Comté, un service exclusivement municipal. C'était l'administration communale qui, par l'intermédiaire des consuls et du syndic en charge, nommait ses régents sous l'approbation de l'évêque diocésain et l'agrément de l'intendant de la province. L'école était ouverte à toutes les classes de la société, et la jeunesse de la ville était appelée, sans distinction, à bénéficier des avantages de l'enseignement. Le nombre des maîtres, la fixation des gages — c'était le terme employé alors — étaient clairement définis à l'avance. On consignait, tous les ans, les obligations réciproques dans un traité en règle connu sous le nom générique de *bail des escolles.* Le bail était ainsi un marché à forfait qui s'établissait entre le maître ou régent et l'administration consulaire. Il nous a paru intéressant et utile à la fois d'en souligner et préciser les minutieuses dispositions.

En 1680, Antoine Noé, Jean Menvielle, acolytes (1) et Antoine Baissières, tous les trois fuxéens, furent chargés de « l'éducation de la junesse et instruction des enfans ». On ne séparait jamais, en ce temps-là, ces deux devoirs.

Comme éducateurs, ils devaient prendre le plus grand soin « de la bonne vie, mœurs et autres vertus » des écoliers, les conduire régulièrement aux offices et à la « doctrine chrétienne », nous dirions aujourd'hui au catéchisme

(1) Mgr de Caulet, évêque de Pamiers de 1644 à 1680, envoyait ses séminaristes, pendant une année ou deux, faire les petites écoles, sous la surveillance des curés. Il les rappelait pour la préparation immédiate aux ordres majeurs.

paroissial. En tant qu'instituteurs ou instructeurs, ils avaient pour mission de leur apprendre la lecture, l'écriture et la grammaire. L'enseignement primaire n'allait guère plus loin partout ailleurs. On ne s'attachait pas aux programmes, on considérait avant tout les résultats. Quand un enfant tranchait parmi ses petits camarades il avait la facilité de poursuivre, sur place, ses études classiques. L'enseignement secondaire succédait toujours au primaire. C'est ce qui a fait dire à M. Villemain « qu'aujourd'hui, il est plus difficile qu'avant la Révolution à un jeune homme capable, mais pauvre, de surgir individuellement ». Il convient de dire que, depuis Villemain, les collèges et les lycées se sont multipliés et que l'on a établi partout de nombreuses bourses.

Les gages des régents étaient peu élevés : ils ne recevaient que 340 livres tournois (1) qu'on leur payait chaque trois mois. Les deux acolytes qui avaient la surveillance des enfants,

(1) On distinguait la livre parisis et la livre tournois ; la première valait 20 sols et la seconde 24.

prenaient 300 livres ; il en revenait ainsi 150 à chacun. L'écrivain n'avait que 40 livres de la communauté, mais il avait droit à un petit casuel scolaire qui venait grossir son modeste traitement. Le bail l'autorisait à demander 10 sols par mois aux écoliers qui apprenaient à écrire. Son droit de correction était limité aux seuls élèves qu'il formait. L'enseignement était, sauf cette modique rétribution, entièrement gratuit pour les particuliers. Au XVIIe siècle, une fondation charitable, laissée par Raymond Baurés (1), aidait la communauté à payer une partie des honoraires dus aux régents ; le reste était « cottizé », chaque année, par les soins des consuls.

La maison servant de « collège », sise rue de l'école, actuellement rue de la Comédie (2), était commune aux trois régents.

La durée des classes était à peu près réglée comme aujourd'hui. Le matin, on entrait à 7 heures et l'on sortait à 10 ; le soir, le maître

(1) Testament du 1er juin 1647. Une copie se trouve aux Archives de la ville de Foix, carton F.

(2) Georges Doublet : *Les noms des anciennes rues de Foix*, Foix, *imp. veuve Pomiès*, 1895, p. 10.

prenait les écoliers à 1 heure et demi et les renvoyait à 4.

C'était le service d'été. En hiver, l'horaire était modifié.

Les frais de chauffage de l'école étaient à la charge des élèves : chaque samedi, ils apportaient quelques bûches de bois dont on faisait trois parts égales suivant le nombre des régents.

Le bail devait être renouvelé, tous les ans, pour la fête de saint Jean-Baptiste. La période scolaire, sans que l'on sache pourquoi, commençait à cette date. Les régents sortant de charge pouvaient être continués dans leurs fonctions, les années suivantes (1), mais la rédaction d'un nouveau bail était obligatoire (2).

Voici, dépouillé des formules accoutumées, le texte même du document. Cette pièce justificative suivra toujours notre propre exposé.

(1) Délibération du Conseil politique de Foix du 29 juin 1666 (Archives de la ville de Foix).

(2) Si l'on veut avoir une connaissance un peu plus approfondie sur cette question de l'enseignement, on pourra lire notre *Etude sur l'instruction publique à Foix aux XVIIe et XVIIIe siècles*. Paris, *Imp. Nationale*, MDCCCC, in-8° de 14 pages.

L'an 1680, et le 14 juillet, Messieurs Calvet, Garrabié, Liabart et Alard, consuls de Foix, et le sieur Jean Méric, syndic de la communauté, « ont bailhé la régence des escolles de la ditte ville pour une année quy a comancé à la feste saint Jean-Baptiste dernier et finira à parel jour de l'année prochène 1681, et ce, en faveur de Messieurs Anthoine Noé (1), *Jean Menvielle, acolites, et Anthoine Baisières, escrivain, habitans dudit Foix, presans, stipulans et acceptans, à l'effaict de l'éducation de la junesse et instruction des enfans de la présante ville, à lire, escrire et gramaire, soubz les gatges de trois cens quarante livres tournois, laquelle somme leur sera payée de trois en trois mois à comanser le huictième septambre prochen et ainsin continuant, tout ordre gardé, l'un payemant ne retardant l'autre, au moyen de l'imposition quy en sera faicte à la prochène cottize et du prix de l'aferme des biens de Raymond-Jean Baurès* (2),

(1) Il signe : Noûé.

(2) Il s'agit de la métairie du *Célier,* propriété située non loin de Foix, sur la route nationale de Saint-Girons, et qui appartient aujourd'hui aux héritiers de Mme de Calvet, née de Carbonnel.

et pour cest effaict, lesdictz sieurs consulz leur ont indiqué la maison des escolles pour assambler les escoliers et leur faire la laison, et lesdictz sieurs régens promettent de bien et fidèlemant s'aquiter de leur charge tant pour la ditte lecture, gramaire, escriture que vie, meurs et autres bonnes vertus pour l'avancement desdictz escoliers, avec ceste condition que les enfans quy voudront aprandre à escrire seront tenus payer, par mois, audict sieur Baisières, escrivain, dix solz chacun au dela de la somme de quarante livres qui luy est acordée pour sa portion desdictz gages, le surplus apartiendra auxdictz Noé et Menvielle ; convenu aussy que ledict sieur Baisières n'aura droict de correction que sur les escoliers qu'il aprand à lire et escrire, et que les autres régens auront soin de ce qui regarde la vie et meurs, les conduiront aux offices, doctrine et autres, et que ledict sieur escrivain suivra en tout le réglemant de l'escolle, entrera et sortira à mesme hure que sera, le matin, à sept hures, sorty à dix, et, le soir, à une et demie, sorty à quatre, tous ensamble dans la mesme maison et non alhieurs; comme aussy est convenu que le bois quy sera aporté, tous les samedis, suivant la coustume, sera partagé en trois partz, et en cas lesdictz sieurs régens ne voudront vivre en bonne intelligence et acquiesser à ce dessus, il sera permis auxdictz sieurs consulz et scindic d'an metre d'autres à leur place, régler et ordonner tout ce qu'ilz truveront bon estre sur ce subjet, suivant la délibération de conseil du 29 juin 1666 (1), *lesquelles clauzes et conditions ont esté mutuellement stypulées par lesdictz sieurs régens, estant convenu que ledict sieur Baisières, escrivain, sera tenu faire examples aux escoliers, prouver quy n'ont de quoy payer, auquel cas vériffication sera faite par l'un*

(1) Des disputes s'étaient élevées entre les régents touchant leurs fonctions. Le Conseil politique s'occupa du différend, en 1666, au moment où on devait renouveler le bail. Les régents pouvaient-ils être continués dans leur charge ? L'assemblée décida que le traité tiendrait en faveur des mêmes maîtres. Les consuls et le syndic, accompagnés de quelques membres du Conseil à choisir, devaient se porter au collège « *pour voir et paciffier lesdits differans quy sont entre lesdicts régens et Baisières, escrivain, pourvoir et ordonner ce qu'ils verront bon estre sur ce faict, et en cas aucun desdictz régens ou Baisières ne voudroint acquiesser à leur ordre* », il devait leur être permis « *de les changer et mettre d'autres à leur place de la qualité requise, ce quy demurera pour approuvé par la présant[e]* ». Délibération du 29 juin 1666. (Archives de la ville de Foix).

de Messieurs les consulz quy fairont jurer les parans s'ilz ont de quoy payer ou non (1)... »

En marge de cet acte s'en trouve un second, portant la date du 2 décembre de cette même année 1680, et intéressant également la régence des écoles. Mrs Noé et Menvielle ne satisfirent pas, paraît-il, aux conditions mutuellement stipulées et acceptées. En vertu de la délibération de 1666, renouvelée le 3 novembre, les consuls et le syndic fuxéens subrogèrent au lieu et place du sieur Noé, Vincent Monroux, sous-diacre de Saint-Girons, et au lieu et place du sieur Menvielle, Me Pierre Liabart, ecclésiastique de Foix. Le premier devait entrer en charge ce même jour, le second était en fonctions depuis le 4 novembre. Tous deux acceptaient les clauses consulaires déjà exprimées (2).

II

De même que la régence des écoles, le com-

(1) « Bail des escoles de Foix ». Bouquier, not. fol. 25 et 26.
(2) Les autres baux contenus dans le registre de Me Bouquier présentent une rédaction identique. On y trouvera le nom des régents qui se succèdent dans cette charge.

merce de la boucherie était régi, à Foix, par l'autorité municipale. Chaque année, le jour du samedi saint, on procédait au renouvellement de l'affermage. Le bail était écrit par main de notaire, reproduit quelquefois tout au long sur le registre des délibérations du Conseil politique et signé par les parties contractantes. Ici encore se reflète la prévoyance administrative des consuls qui, d'habitude, traitaient les affaires communales de façon à ne pas donner lieu à la moindre équivoque, à ne pas laisser de place au doute ou à la contestation.

Au XVIIe siècle, le nombre des boucheries était assez restreint. Le dénombrement de 1672, publié par M. Barrière-Flavy (1), n'en signalait que deux. On ne distinguait pas, comme dans plusieurs autres localités du Comté, le grand banc et le petit banc : la haute et la basse boucherie étaient confondues ensemble. Il en est, du reste, ainsi partout de nos jours.

Celui qui proposait les meilleures conditions,

(1) *Dénombrement du comté de Foix sous Louis XIV (1670-1674)*, Toulouse, A. *Chauvin et fils*, 1889, p. 156.

ou, pour parler le langage courant, le « moins disant » restait naturellement fermier. En 1680, Barthe Raynié, originaire de Rieucros, fut reçu seul boucher ; les années suivantes ils furent deux et même trois fermiers, appartenant au même corps.

La ville ne retirait aucun émolument de l'affermage qui profitait simplement aux particuliers. C'était tout de même une espèce de monopole qui devait avoir ses inconvénients. Le roi et l'abbé de Foix prélevaient une somme de 330 livres qui devait leur être payée : la moitié, le 1er juin, et, l'autre moitié, le 1er décembre. On appelait ce droit le *droit d'ajude,* le *droit d'aide.* Le roi avait 150 livres, et l'abbé de Saint-Volusien, pour sa part, en prenait 180. Les consuls interrogés en 1672, lors du dénombrement prescrit par Louis XIV, déclarèrent ne point connaître la raison de cette inégalité.

Outre le droit d'*aide,* le droit de *régence* (1)

(1) Par ce droit de *régence* ne doit-on pas entendre ce qui revenait « au régisseur des droits d'inspecteur aux boucheries, à ses commis et préposés » ? Voir impositions des Etats de Foix en 1780 (Duclos, *Histoire des Ariégeois*, tome II, p. 503).

était également à la charge des fermiers. Ces derniers s'engageaient à fournir aux Fuxéens « de la bonne cher de recepte », à raison de 7 sols la livre de mouton et de « veau de laict », et de 4 sols la livre de bœuf ou de vache. La livre *carnissière* était de 12 quarts. La qualité de la viande mise en vente ne devait pas être douteuse, et les consuls gardaient le droit de prendre telles mesures que la conscience et la police dont ils étaient chargés leur suggéreraient. Défense expresse était faite aux fermiers d'employer, à titre de surpoids, la tête, les pieds, les rates et les poumons. Ils renonçaient, aussi, dans le traité, à une réclame d'augmentation de prix à l'époque du carnaval et du carême (1). Les consuls, de leur côté, les déclaraient quittes du droit de « première livre et industrie », et exempts de la garde des portes de la ville et du logement des gens de guerre.

Le 5 avril 1680, les consuls et le syndic, agissant toujours au nom de la communauté, baillent

(1) D'après une délibération du Conseil politique du 12 février 1682.

en afferme les boucheries de la ville « pour une année quy comansera la veilhe de Pasques prochen et finira à parel jour de l'année prochène, et ce, en faveur de Jean Barthe Raynié, maître boucher du lieu de Rieucros, caustionné du sieur Loys Fauré, habitant dudict Foix, presans et stipulans et acceptans l'un pour l'autre, solidèrement, et un seul pour le tout, sans faire division ny discution, à quoi, par express ont renoncé et renoncent, et ce, soubz le droict d'ayde de la somme de trois cens trante livres tournois que ledict fermier et caustion seront tenus payer à la descharge de laditte comunauté, savoir : au Roy, nostre Sire, ou à ceux quy auront de luy expresse charge, la somme de cent cinquante livres, et au seigueur Abbé dudict Foix, ou à son économe, la somme de cent huictante livres, aux deux pactz acoustumés, le premier du premier juin et l'autre du premier décembre, le tout prochènement venant, l'une paye ne retardant l'autre, de quoy seront tenus raporter la quittance à laditte comunauté, trois jours après le terme escheu, à paine de tous despans, domages et inthéretz ; outre ce, icelluy fer-

mier sera tenu payer le droict de régence et autre quy pourroict estre deub à cause dudict afferme. De plus, sera tenu ledit fermier, pandant ledict afferme, servir ou faire servir tous les habitans dudit Foix, indifféramant, de bonne cher de recepte, à raison de sept solz la livre du mouton, et quatre solz la livre du beuf ou vache de recepte et le beau de laict à parel prix que le mouton, laquelle livre sera de douctze quartz, avec pacte que ledict fermier sera tenu comme promet de tenir sur tout de bonne cher de recepte, et en cas il ne le faira pas il sera permis aux dictz sieurs consuls de juger et ordonner sur ce subjet ce qu'ils aviseront et truveront à propos, suivant le faict de leur charge et polisse, sans que ledict fermier puisse en réclamer ailleurs, se soubzmettant à leur justice et polisse par clause expresse, sur lequel poix ledict fermier ne pourra amployer les testes, piés, rattes ny poulmons.

De plus, est convenu que celluy fermier sera tenu préfferer les habitans de la présant ville à l'achapt du suif, cuirs, peaux et laine au prix d'un estranger et hors habitans, tout dol et fraude cessant, moyenant quoy lesdicts sieurs consuls et sindic promettent les faire jouir dudict afferme pandant lequel ledict fermier sera quitte du droict de première livre et industrie, et mesme exampt de garde et logement; convenu que ledict fermier ne pourra assotier aucun à sa place que du consantemant et aprobation desdictz sieurs consulz et scindic; la délivrance du présant afferme ayant esté faicte audict Barthe à faute d'avoir truvé aucun quy aye faict la condition meilheure, ainsin qu'apert des exploictz des proclamations sur ce dressés. Davantage est convenu que en cas le bestailh dudict fermier portera du domage aux champs, près, vignes et jardins et autres possessions des habitans, ledict fermier sera tenu payer le domage aux propriétères, au dire d'espertz, et autres paines ainsin que sera ordonné et jugé par lesdicts sieurs consuls (1)... »

III

Il ne nous sera pas difficile de dire ce qu'était autrefois le four *banal*, attendu qu'il existe encore

(1) Afferme des boucheries de Foix, fol. 8.

aujourd'hui, dans différents endroits, mais seulement à l'état d'industrie privée, soumis par conséquent à des conventions particulières entre les habitants et le propriétaire. Jusqu'à la Révolution, on entendit par *banalité* le droit qu'avait un seigneur laïc ou ecclésiastique d'obliger ses sujets, vassaux et tenanciers à se servir de son four et à lui payer, pour ce motif, une redevance en nature ou en argent. Cette redevance prenait le nom de *fournage* (1).

Il y avait, à Foix, deux fours « banaux » ou « baniers » qui étaient la propriété du roi et de l'abbé de Saint-Volusien. L'un, dit four d'aval, avec fourneau, était au roi depuis la réunion du Comté à la couronne de France, en 1607 ; l'autre appelé four d'amont (2), appartenait à l'Abbé. Les deux fours étaient cédés moyennant la somme annuelle de mille livres ; le roi et l'abbé prenaient 500 livres chacun. Les consuls, chargés des intérêts de la communauté, se trouvaient,

(1) A. Chéruel : *Dictionnaire historique des institutions, mœurs et coutumes de la France*, p. 451 de la première partie, 6e édition, Paris, Librairie Hachette et Cie, 1884.

(2) Deux rues de la ville ont gardé jusqu'à nos jours les noms de *four d'amont* et de *four d'aval*.

par le fait, premiers fermiers. Ils avaient l'habitude de sous-affermer les fours à celui qui offrait les conditions les plus avantageuses pour le public.

La sous-ferme était faite pour trois ans ; l'année partait du 1er janvier. Le 16 décembre 1681, les deux fours et le petit fourneau furent sous-affermés à Jean Astrade; le 30 décembre 1684, à Benoît Romingaud. Les clauses et les conditions mutuellement stipulées et acceptées sont les mêmes dans les deux actes. Les sous-fermiers s'engageaient, en premier lieu, à décharger la communauté des mille livres de rente. Le payement des 500 livres dues au roi devait se faire le 1er juin et le 1er décembre ; celui des 500 livres que percevait l'abbé, en une seule fois, le 2 février, jour de N. D. de la Chandeleur. Ils s'engageaient, en outre, à fournir le bois nécessaire pour le chauffage des fours, ainsi que le luminaire. Ils devraient faire pétrir le pain par les fourniers ou « mandayres « préalablement approuvés par les consuls, et en surveiller la cuisson. Ils recevaient 2 sols 4 deniers pour chaque setier de grain, de quelle nature qu'il fut : blé, seigle ou méteil. Le setier devait produire 146 livres de pain. Pour le pain de boulangerie, ils avaient 6 deniers en plus. Les pains mal cuits ou brûlés demeuraient à leur charge.

Le timon, les balances et autres poids étaient la propriété de la communauté qui les laissait gracieusement à leur disposition. Les consuls pouvaient députer un membre du Conseil pour contrôler les pesées.

Jusqu'à six livres, l'entretien des fours demeurait à la charge des sous-fermiers. Ces derniers étaient tenus encore de payer le droit de « *contrôle* » pour l'afferme consentie au roi, et de faire tenir quitte la communauté des autres droits accoutumés.

On les déchargeait, ainsi que leurs associés dans le service des fours, de tout logement de gens de guerre et de la garde de la porte de la ville, sous le bon plaisir toutefois du gouverneur.

Ces différentes réglementations sont tirées de l'acte dont voici la teneur :

Le 16 décembre 1681, les consuls et le syndic de la ville de Foix « ont bailhé en soubz ferme et arrentemant, en faveur du sieur Jean Astrade marchant, caustioné par le sieur Pierre Coustaud vieux, aussy marchant, presans, stipulans et acceptans l'un pour l'autre solidèrement, et un seul pour le tout, sans faire division ny discution, à quoy, par exprès, ont renoncé et renoncent, savoir est : les fours baniers dudict Foix, l'un dict d'amont, l'autre d'abal, avec le fourneau quy est audict four d'abal, appartenant au roi et au seigneur abbé dudict Foix, et ce, pour le temps et terme de trois années quy couront du premier janvier prochen, ledict soubz-fermier faict moyenant le prix et somme de mille livres pour chacun an, payables cinq cens livres à Sa Majesté ou à ceux quy auront de luy expresse charge, aux deux pactz acoustumés, le premier du premier juin, l'autre du premier décembre, et cinq cens livres audict seigneur abbé, à un seul pac, quy escherra à la feste Nostre-Dame Lachandeleur, second du mois de fébrier prochen, et ainsin continuant chacune desdictes trois années, l'un payemant ne retardant l'autre, desquels payemans lesdictz fermier et caustion seront tenus raporter les quittances et en releppver lesdictz sieurs consulz, sindic et communauté, aux pactz et condition que ledict soubzfermier sera tenu faire servir tous les habitans de laditte ville, de quelle qualité et condition qu'ilz soint, indifferamant, à faire cuire le pain, et à ces fins mander à pestrir et faire le pain quy sera aporté auxdicts fours, le fair echauffer à quy le désirera et après icelluy bien cuire et apereilher, sans fraude ny malversation, auquelles fins il employera les fourniés et mandayres nécessaires pour le service desdictz fours, soubz le gré et aprobation desdictz sieurs consulz, avec clause expresse que ledict fermier sera tenu faire chauffer lesdits fours, tous les jours, et autant que la nécessité le réquerra, en telle sorte que soubz prétexte desdictes fournées les habitans ne soint pas obligés d'aler de nuit auxdicts fours et pour esviter les abus et désordres que s'en suivent, et en cas de contrevantion lesdicts sieurs consulz se réservent par exprès l'authorité et faculté d'y pourvoir comme ilz aviseront. De plus, sera tenu ledict soub-fermier de fourny[r] le bois nécessaire pour la cuison dudict pain, ensamble le luminère de chandelles, huile et bois aussi nécessaire, moyenant le payemant et salaire de deux solz quatre deniers pour chaque cestier gren, blé, ségle ou autre gren réduict en pain bien cuit et apareilh[é] du poix de cent quarante six livres le cestier, et six deniers de plus le pain de boulangerie, lesquelz fermier et caustion seront tenus d'ampecher qu'il nesoict prins aucun lopin de paste dans lesdicts fours, soubz quel prétexte que ce soict, à paine d'en respondre en leur nom propre. De plus, sera tenu payer le pain quy se pourroit perdre auxdictz fours et celuy quy sera mal cuict ou brullé suivant que sera ordonné par lesdictz sieurs consuls par le tout sans qu'il puisse réclamer ailhieurs, se soubzmettant volontèrement à leur justice et polisse. Plus est convenu que ledict fermier ne pourra demander, ny avoir aucun rabais à raison du pain quy sera cuict hors la ville, porté ou vandu dans icelle par les estrangers et non habitans, et sera tenu payer le droict de controlle pour l'afferme faict à Sa Majesté et autres droicts acoustumés dont en faira tenir quitte laditte comunauté. Et quand au timon, balanses et poix quy sont audicts fours apartenant à laditte comunauté, ledict fermier et caustion seront tenus en bien uzer durand ledict soubferme et laisser iceux à fin de terme en bon et deub estat, soubz la réserve que lesdictz sieurs consulz et sindic font, pour esviter les fraudes et malversations quy se pourroint comettre au poix dudict pain, de pouvoir députer tel homme qu'ilz aviseront pour s'ocuper à faire ledict poix, lequel sera, audict cas et pour cest effaict, payé par laditte communauté, desquelz fours et fourneau ledict fermier uzera en bon menager et y faira les réparations nécessaires jusques à six livres par an, lors et quand il luy sera ordonné par lesdictz sieurs consulz aux pactz qu'icelluy fermier sera tenu présanter auxdicts sieurs consulz celluy ou ceux desquelz il voudra se servir pour le service desdicts fours affin de les aprouver et faire prester le sermant à tel cas requis moyenant quoy lesdicts sieurs consulz et sindic pro-

mettent le faire jouir dudict soubferme et luy demurer aux cas fortuictz acoustumés tels que sont exprimés au contrat d'aferme dont ledict fermier est contant, les tenant pour exprimés au présant, soubz ceste condition toutesfoix que ledict fermier sera tenu, trois jours après la fin de chaque pac, de représanter les quittances des payemans et, à faute de ce faire, il sera permis auxdicts sieurs consulz de reprandre ledict soubferme, sy bon lur samble, sans autre forme ny figure de procès, lesquelles clauzes et conditions ont esté mutuellement stipulées et acceptées par lesdites parties, ayant convenu que ledict fermier et celluy qu'il pourra assotier pour le service desdicts fours seront et demureront examps de tout logemant de gens de guerre et garde de porte pandant ledict souferme, le tout soubz le bon plaisir de Monseigneur le Gouverneur... (1) »

(1) Soubferme des fours de Foix, fol. 181-183.

IV

Le droit de *bannage* était prélevé sur les bancs et les tables des marchands qui étalaient sur la place, les jours de foire ou de marché. Il était affermé par les consuls; en 1680, il rapportait 53 livres tournois. Ce petit revenu était employé, d'après le dénombrement de 1672, à la réparation de la place et de la halle.

Le 29 mars 1680, les quatre consuls, après les proclamations et « surdittes » accoutumées, baillèrent « en afferme et arrantemant les tablies de la place publique dudict Foix, avec tout ce quy en dépant, en faveur du sieur Jean Aynié, habitant dudict Foix..... et ce, pour une année, quy comansera la veilhe de Pasques prochen et finira à pareil jour de l'année prochène, pour et moyenant le prix et somme de cinquante-trois livres tournois, payable la moitié dans quinse jours, et l'autre moitié dans trois mois après, à compter de ce jourd'huy, moyenant quoy lesdictz sieurs consulz promettent le faire jouir dudict afferme et luy demurer aux cas fortuictz acoustumés de guerre et peste, qu'à Dieu ne plaise..... (1) »

V

Les réparations incombant à la communauté, de quelque importance qu'elles fussent, se donnaient à prix fait. La chose se passe le plus souvent ainsi aujourd'hui. On ne doit pas, dès lors, s'attendre à des particularités curieuses à ce sujet. Nous joignons tout de même, en l'abrégeant un peu, un acte « d'entreprise » qui formera un tout avec les pièces que nous venons de signaler.

Le 17 mars 1681, les consuls baillèrent « à prix faict » à Benoît Labeur, maçon, de Foix, et à François Rescanier, de Vernajoul, « une chaussée ou pavé, depuis devant la maison de Petit-Jean au delà du Pont de l'Ariège tirant à la voix de Cambentous (2) *jusque au coin de la maison des*

(1) Afferme des tablies de la place.

(2) Le *Camp Bentous* domine le quartier actuel du *Petit-Paris*.

teinturiers, et ce bâty avec de petite pierre et bien uny ledict pavé, de plus lesdicts entrepreneurs seront tenus faire la murailhe quy borde le grand chemin depuis la maison desdicts teinturiers jusques au bout du Pont comme il leur a esté désigné et marqué de cinq pans dessus terre, et mettront des carreaux dessus ; seront tenus aussy de faire autre murailhe pour fermer le trou apellé Lembouladier (1), *en la mesme forme qu'estoict enciénement et de la même espessur de la murailhe quy est déjà tout contre, le tout de bonne massonnerie, pierre, chaux et sable que lesdictz entrepreneurs seront tenus fournyr ensamble leur traval et manuvre, tout lequel traval lesdicts entrepreneurs promettent avoir faict et parfaict entre ci et à la fin du mois de may prochen, et ce pour le prix et somme de deux cens dix livres...* (2) »

(1) *Embouladier*, brèche.

(2) « Antreprise » pour la communauté de Foix, fol. 82-83.

VI

Nous terminons la publication de ces documents par la reproduction d'un texte qui répondra à ces deux questions : Quelle était l'organisation financière, à Foix, sous l'ancien régime ? Comment s'y opérait la perception de la taille?

La taille, on le sait, était un tribut que le suzerain levait annuellement sur ses sujets. Cette dénomination provenait, paraît-il, des *tailles* ou morceaux de bois dont les collecteurs se servaient pour marquer les sommes qu'ils avaient reçues (1). La répartition en était faite par le conseil politique; le soin de la levée était confié aux consuls. En principe donc, ces derniers étaient chargés de la rentrée des impôts, chacun dans son consulat, mais on donnait généralement la « cottize » aux enchères. Ce n'est que lorsqu'on ne trouvait personne pour remplir cet office que les consuls et le syndic s'en chargeaient à nouveau.

(1) Voir le *Répertoire universel et raisonné de jurisprudence civile, criminelle,* etc., tome XVII, Paris, *Visse,* 1785, au mot taille, p. 3.

Dès le XIVe siècle, la ville de Foix était divisée pour la levée de la taille en quatre quartiers, appelés consulats : le quartier d'En Gros, de la Faurie, de la Bistour et du Rival. Un consul représentait chacun de ces quartiers dans le corps de ville. Le consulat d'En Gros comprenait, notamment, une rue de la ville connue aujourd'hui sous le nom de *rue des Chapeliers* Les rues et quartiers actuels de *La Bistour*, de *La Faurie* et du *Rival* rappellent les circonscriptions des autres consulats (1).

Chaque quartier avait son cayer distinct de liève (2). En 1682, le quartier d'En Gros était imposé pour une somme de 3005 livres, 10 sols, 6 deniers. Arnaud Bardy, cautionné par Jean Aynié, fut chargé de faire la levée des tailles dans cette portion de la ville. Le collecteur avait

(1) Consulter les *Livres de taille de la ville de Foix au XVe siècle*, très intéressante étude publiée par M. de Dufau de Maluquer dans le *Bulletin de la Société Ariégeoise* (tome VI, pp. 267-277 et 288-302).

(2) *Liève* : Extrait d'un papier terrier qui sert au receveur pour faire payer les redevances seigneuriales. La liève contient la désignation de chaque héritage, par le terroir et la contrée où il est assis, le nom du tenancier, les confins et la qualité et quotité de la redevance dont il est chargé. (*Répertoire de jurisprudence*... de Guyot, édit. de 1785, p.554.)

ce qu'on appelait le « droit de liève » ; il était rémunéré « conformemant aux réglemans de Sa Majesté et de Mgr l'Intendant. » C'est toute la précision que renferme l'acte notarié sur son salaire. En somme, on peut dire que chaque époque a gémi sous les impôts qui n'ont fait que changer de nom. Nous les payons toujours, et combien plus lourds !... Les collecteurs de jadis ont fait place aux percepteurs de nos jours, voilà tout. Où est le progrès? S'il existe, il ne saurait être que dans l'augmentation des contributions de toute nature. Mais de ce progrès-là on se passerait certainement...

Le 7 octobre 1682, le consul de quartier, le sieur Jean Méric, bourgeois fuxéen, « de gré a bailhé à faire la levée de la tailhe impozée le douctze septambre dernier pour le cayer d'Angros de la présant ville, montant à trois mille cinq livres, dix solz, six deniers, en faveur du sieur Arnaud Bardy, caustioné par le sieur Jean Aynié, habitans dudict Foix..., auquel effaict ledict sieur Méric leur a mis en main ledict cayer de liefve duemant signé et en bon estat que lesdictz Bardy et Aynié ont retiré au veu de moy notaire et tesmoingz, ayant promis faire la levée des deniers contenant audict cayer et satisfaire aux payemans à concurrence du contenu audict cayer, l'argent duquel ilz remettront audict sieur Méric, de tamps en tamps et randre compte du tout, dans trois mois après l'année eschue, à compter dudict jour douctze septambre, et soubz le droict de liefve entre eux convenu conformemant aux réglemans de Sa Majesté et de Monseigneur l'Intendant, moyenant quoy ledict sieur Méric, comme luy regarde, promet faire valoir les deniers mis en recepte audict cayer et leur faire cesser tout trouble et empeschemant à laditte levée... (1).

*
* *

Le notariat était, avant 1789, essentiellement mêlé à de nombreux actes de la vie sociale et publique auxquels il demeure totalement étranger de nos jours. Ce n est plus une réflexion sans

(1) Bailh de la levée de tailhe du cayer d'Angros, fol. 247.

preuves, c'est une conclusion qui se dégage clairement de la lecture des documents qui précèdent. Ceux qui ont du plaisir à tout approfondir dans les choses du présent verront avec satisfaction aussi les quelques données que nous apportons sur la vie privée et l'histoire intime de nos ancêtres. Que d'utiles et curieuses comparaisons ne pourront-ils pas établir !

Voilà donc des matériaux, présentés isolément et sans prétention, qui auront, croyons-nous, un certain intérêt pour plusieurs lecteurs. La mine où nous les avons puisés est riche ; elle n'attend que d'intrépides travailleurs. Qu'ils se lèvent, qu'ils feuillettent patiemment, qu'ils recherchent avec méthode, la moisson sera abondante et particulièrement variée...

Une lettre autographe du marquis de Ségur, gouverneur général du Pays de Foix (27 novembre 1733).

I

Durant tout le dix-huitième siècle, jusqu'à la disparition de la vieille organisation administrative en 1790, trois membres de la famille de Ségur furent gouverneurs généraux du Pays de Foix.

On sait que cette charge était la plus considérable du Comté. On sait aussi que les titulaires étaient nommés par le roi et pris parmi les grandes familles ou parmi les hauts dignitaires du royaume.

Le gouverneur général, qu'on appelait encore le grand sénéchal, était le représentant direct du pouvoir central dans la province. Il avait pour mission de convoquer et d'ouvrir les Etats où il remplissait les fonctions de commissaire royal. Un lieutenant général le suppléait quand il ne pouvait lui-même y assister.

Pour donner un avant-propos utile à la lettre du marquis de Ségur que nous publions ci-après, nous préciserons les noms de nos derniers gouverneurs. C'est, d'ailleurs, un point qui n'a pas, que nous sachions, été mis en lumière par les historiens locaux. Sans aucun doute, on pourrait écrire une introduction bien moins intéressante...

C'est exactement en 1701, et non en 1703, comme l'avaient cru jusqu'ici nos annalistes ariégeois, que Henri-Joseph de Ségur (1) obtint l'agrément du roi pour acquérir la charge de gouverneur du Pays de Foix, vacante par la démission du maréchal de Tallard. Il était déjà lieutenant général de Champagne et de Brie. « Brave à l'excès, écrit un historien de la famille,

(1) Né en 1661 ; il était fils de Jean-Isaac, marquis de Ségur (1623-1707).

le comte de Ségur (1), il avait acheté ces faveurs au prix de nombreuses blessures, et aussi de la perte d'une jambe, emportée d'un coup de canon à la bataille de la Marsaille. Tout le temps qu'il ne passait pas à la guerre, il le consacrait à l'éducation de ses enfants et à l'administration du Pays de Foix. Il avait, malgré sa jambe coupée, conservé une santé robuste et une élégante tournure, et, au dire de Saint-Simon, « était encore à près de quatre-vingts ans, beau et bien fait. » Il mourut à Paris, en 1737.

Son fils aîné, Henri-François, comte, puis marquis de Ségur (1688-1751), lui succéda dans ces fonctions. D'après le *Mercure galant*, c'est le 10 septembre 1718 que le roi accorda à M. le comte de Ségur « la survivance de gouverneur, lieutenant général et sénéchal du pays et comté de Foix, que possédait M. le marquis de Ségur, son père, moyennant un brevet de retenue de 100,000 livres sur la dite charge et un second brevet de

(1) *Le Maréchal de Ségur (1724-1801), ministre de la guerre sous Louis XVI*. Paris, *Plon, Nourrit*, 1895, in-3° de VIII-398 pages. C'est à cet ouvrage que nous empruntons les renseignements qui précèdent et ceux qui vont suivre, pp. 3, 4, 7, 20 (note 1), 31 et 163.

20,000 livres sur la charge de lieutenant général de Brie. » Henri-François avait pris part avec éclat à la plupart des grandes affaires qui marquèrent la fin du règne de Louis XIV, à l'attaque des retranchements de Denain, aux sièges de Douai et du Quesnoy. Trois ans après la paix, le jour même où il signait son contrat de mariage avec Philippe-Angélique de Froissy, il obtenait la récompense de ses services.

La charge de gouverneur était vénale. Henri-Joseph, lit-on dans une lettre de Racine à son fils (1), avait employé à cet achat « la meilleure partie du bien » de sa femme, Anne de Taillefer de Roussille. Henri-François dut subir aussi, on l'a vu, une assez forte retenue. Il est bon de signaler ces détails à une époque où nos vice-rois reçoivent gratuitement la « manne » dans leurs sinécures, comme les Israëlites au désert.

Vénale, cette charge n'était pas héréditaire. Mais le roi ne la retirait à une famille que si

(1) Lettre du 14 octobre 1693, citée par M. le comte de Ségur, p. 4.

certains de ses membres s'étaient rendus indignes ou incapables de la remplir.

Henri-François ne prit possesion de sa charge qu'à la mort de son père, en 1737. Quand il mourut lui-même, en juin 1751, il en transmit l'exercice à son unique fils, Philippe-Henri (1724-1801), qui devait être le dernier gouverneur. Qu'on nous permette de relever ici à quelle occasion le roi accorda la survivance de ces fonctions au futur maréchal de Ségur. On connaîtra comment, jeune encore, il savait se couvrir de gloire.

Ce fut peu après la bataille de Lawfelt, près de Maëstricht, au printemps de 1747. Au fort du combat, pendant qu'il entraînait les siens à l'assaut, un boulet lui emporta le bras gauche; l'héroïque officier — Ségur avait alors le grade de colonel — n'en continua pas moins de rester à la tête de ses troupes et ce ne fut qu'après la prise de la place qu'il consentit à se retirer. Louis XV, après avoir déclaré son admiration pour ce colonel de vingt-trois ans qui faisait si belle figure dans ses armées, ajoutait : « Des hommes comme celui-là devraient être invulnérables. » Pour témoigner sa satisfaction au blessé, il lui fit porter sur son lit de souffrances sa nomination de général de brigade et, en même temps, il lui conférait, à la mort de son père, les fonctions de gouverneur du pays de Foix et de lieutenant-général de Champagne. La Révolution devait lui enlever les unes et les autres.

II

La lettre du marquis de Ségur, dont la reproduction va suivre, porte la date du 27 novembre 1733. Le « *Beau Mousquetaire* » était alors plus que septuagénaire ; il jouissait à Paris du repos de la retraite. De son œil attentif de vieux soldat il suivait encore la marche de nos armées qui guerroyaient en Espagne et en Italie, regrettant peut-être de ne plus être, comme il le dit lui-même, « dans ce train-là ».C'est avec une certaine satisfaction, semble-t-il, qu'il glisse dans sa correspondance quelques nouvelles militaires. Cela donne à sa lettre un air de « gazette » bien renseignée. Dans ce temps surtout où les moyens d'information rapide n'existaient pas ou à peu près, on faisait le plus grand cas de ces rares missives d'affaires. On ne savait guère plus ni plus vite. Cette sollicitude naturelle à un de Ségur ne le distrayait pas de ses devoirs de gouverneur. Nous voudrions surtout mettre ce point en parfaite lumière. On a peut-être trop affirmé et pas assez prouvé que les anciens gouverneurs se désintéressaient totalement de l'administration de leurs provinces, ne considérant ces charges que comme de simples fonds de fabuleux revenus (1). C'est vouloir de parti-pris exagérer des abus que nous nous garderons bien de nier. De Ségur, lui, ne paraît pas avoir méconnu sa province de Foix. Il l'avait visitée dès le début de son gouvernement, en octobre 1703 (2), et des « salves de mousqueterie » et de l'accueil exubérant dont le peuple fuxéen a su garder le secret il devait se souvenir encore. Dans cette lettre, il nous apparaît au courant de la vie provinciale ;

(1) Le gouvernement du Pays de Foix valait 18,000 livres de rente.

(2) Georges Doublet, *Incidents de la vie municipale à Foix sous Louis XIV*, Foix, *Gadrat aîné*, 1894, pp. 30 et 31.

il se montre particulièrement attentionné et dévoué pour le major de la ville et du château, M. Siret (1); il est plein de prudence au sujet des élections consulaires; il reste affectueux et délicat pour tous. C'est, du moins, ce que nous y avons cru voir. Le lecteur pourra juger à son tour.

« A Paris, le 27 novembre 1733 (2).

« J'ai reçu, Monsieur, votre lettre du 16 de ce « mois avec celle que j'avais donnée au sieur Ville, « de Tarascon, pour commander une compagnie « de milice bourgeoise; je veux bien donner la « compagnie à son neveu, le sieur Gérard Rouch, « sur ce que vous me mandez que vous le con- « naissez propre pour remplir cet emploi et à « votre considération.

« Vous aurez su que M. le maréchal de Ber-

(1) C'était le destinataire de la lettre.
(2) Ms. autographe, Deux feuilles in-8. Archives privées de Mme de Dufau, née de Boyer.

« wick (1) a mis M. de Lafitte (2) dans le fort de « Kehl (3), pour y commander, et comme il y a à « y faire travailler pour le faire réparer, il n'y a « nulle apparence qu'il puisse aller aux Etats « cette année ; je l'ai mandé à M. le comte de « Saint-Florentin (4), lui mandant en même « temps qu'il en usera comme il verra pour le « mieux. M. de Lafitte ne compte pas, ainsi qu'il « me l'a mandé, quitter son emploi de lieute- « nant de Roi de la ville et château de Foix ; « il m'a renvoyé aussi deux lettres de cachet « (5) qu'il avait obtenues en passant par ici pour « se rendre à son régiment et qu'il pria mon « fils de parler à M. de Saint-Florentin en sa « faveur contre les nommés Casellas (6), notaire

(1) Berwick (duc de), 1670-1734, fils naturel de Jacques II, se fit naturaliser Français ; il se distingua en Espagne où il remporta la victoire d'Almanza en 1707, devint maréchal de France et fut tué au siège de Philippsbourg.

(2) De la Fitte de Sales fut nommé lieutenant de Roi de la ville et du château de Foix, au commencement de 1712, à la place de Gères de Pujol qui venait de mourir ; il entra à Foix le 19 janvier; c'était un capitaine au régiment de Navarre.

(3) Kehl, ville du grand-duché de Bade.

(4) Saint-Florentin (comte de), 1705-1778, ministre de Louis XV, principal dispensateur des lettres de cachet contre les protestants.

(5) On sait que par *lettre de cachet* on entendait une lettre, fermée d'un cachet du roi, qui contenait un ordre de sa part.

(6) Ce nom semble avoir subi une modification d'orthographe : *Casellas* est devenu sûrement *Cazalas*.

« du Mas-d'Azil (1), et Baron (2), notaire du lieu « des Bordes (3), sur ce qu'ils se sont adressés « au Parlement pour ne pas obéir aux ordres « dudit sieur de Lafitte, le dit Casellas pour aller à « Saint-Jean-Pied-de-Port (4), et Baron pour aller « à 30 lieues de chez lui. J'ai envoyé ces deux « lettres à M. l'Intendant qui, apparemment, les « enverra au prévôt ; il eut été à souhaiter que « ces deux hommes eussent eu ces lettres de « cachet dans le temps qu'elles ont été expé- « diées, car il faisait plus beau voyager en ce « temps-là qu'à présent.

« Je ne manquerai pas d'écrire à mon fils « qu'il faut qu'il fasse tout son possible pour « qu'il fasse avoir à votre fils l'un des petits « emplois qui vaqueront dans l'infanterie, car « pour moi je ne connais plus personne et ne « suis plus dans ce train-là, mais pour mon fils

(1) Mas-d'Azil, chef-lieu de canton de l'arrondissement de Pamiers, sur l'Arize et au pied septentrional du Plantaurel.

(2) Des provisions de l'office de notaire, avec dispense d'âge, furent accordées en 1732, à François Baron, en remplacement de Joseph Baron, son père (Arch. de l'Ariège, B. 47).

(3) Bordes-sur-Arize, canton du Mas-d'Azil.

(4) Saint-Jean-Pied-de-Port, chef-lieu de canton de l'arrondissement de Mauléon (Basses-Pyrénées), sur la Nive.

« cela lui convient mieux, et je vous assure que
« je lui écrirai très fortement, je serais ravi
« de pouvoir vous faire ce petit plaisir-là.

« Quant aux consuls, tout cela m'embarasse.
« M. Calvet me marque qu'il n'y a personne
« pour être premier consul que M. du Bruelh, et
« cela serait bien agréable que les moines de
« l'abbaye fassent une protestation contre sa
« nomination au consulat sur ce qu'il y a long-
« temps qu'il n'a pas fait ses Pâques ; je ne
« m'intéresserai donc que pour le sieur Liabart
« et le sieur Bernardin Mollieres. Je mettrai au
« bas de ma lettre un mot pour les consuls et
« conseillers politiques que vous leur ferez voir;
« je ne sais si M. Calvet sera content de cela,
« mais je trouve de la difficulté pour nommer
« ce premier consul. M. Calvet est oncle du
« sieur Méric, consul, son fils est aussi cousin
« germain du dit sieur Méric, vous ne voulez
« pas l'être, on m'a aussi mandé que M. du
« Bruelh ne voulait pas l'être. C'est pourquoi je
« ne m'en mêlerai pas, vous pouvez le dire de
« ma part à M. Calvet, et lui faire mes compli-

« ments. Les consuls et conseillers politiques « feront en sorte de faire tout pour le mieux.

« Les troupes d'Espagne sont bien longtemps « à arriver en Italie ; M. le maréchal de Villars (1) « demande au Roi de nouvelles troupes, on fait « à présent le siège de Pistoie (2), la tranchée a « été ouverte le 17 de ce mois ; mon fils mande « qu'il est allé à Tortone (3) ; il ne m'explique « pas si c'est pour faire le siège, mais je crois « que c'est pour en faire le blocus ; nos affaires « vont fort bien en ce pays-là, car voilà déjà bien » des villes prises et on continue toujours d'agir ; « jusqu'ici il paraît que l'empereur (4) n'a pas « beau jeu.

« Je vous recommande toujours toutes choses « et suis, Monsieur, entièrement, à vous. Voici, « de l'autre côté, ce que vous pourriez faire voir « aux consuls. Le sieur Coustaud, médecin, m'a « écrit, il y a déjà du temps, sur ce que la com-

(1) Villars (maréchal de) 1653-1734, né à Moulins, diplomate et célèbre capitaine français.

(2) Pistoie, ville d'Italie, province de Florence.

(3) Tortone, ville du royaume d'Italie, dans la province d'Alexandrie.

(4) Charles VI, empereur d'Allemagne de 1711 à 1740, deuxième fils de Léopold Ier et père de Marie-Thérèse.

« munauté ne veut pas lui donner les 50 écus « comme médecin, je ne lui ai pas fait de réponse, « mais dites-lui que je ne vois pas que je puisse « contraindre une communauté à cela, j'en suis « fâché.

« Vous direz de ma part à Messieurs les con- « suls et conseillers politiques que je suis tou- « jours leur bon ami, et qu'ils me feront plaisir « de nommer, pour second consul, le sieur « Liabart et, pour troisième consul, le sieur « Bernardin Moillieres ; je les exhorte à faire un « bon choix des deux autres. Je suis, Monsieur, « tout à vous.

Sceau (1). « LE MARQUIS DE SÉGUR ».

(1) Le sceau, de cire rouge, porte en exergue la devise de famille : *Bellicae virtutis praemium.*

Notice sur le maréchal de Ségur, dernier gouverneur général du Pays de Foix (1724-1801).

I

Nous retrouvons dans nos cartons — série de *documents divers* — la copie d'une courte notice sur le dernier gouverneur général du pays de Foix (1). Sa publication à cette place nous semble venir à propos. Composée par un familier qui le connaissait et l'aimait bien, elle donne un portrait très fidèle du personnage, et les faits succints qu'elle rapporte concordent bien avec l'histoire documentée que lui a consacrée, il y a une dizaine d'années, le comte

(1) Imprimé de 4 pages, petit in-12, sans nom d'imprimeur (Papiers de famille de Mme de Dufau, née de Boyer).

de Ségur (1). Pour bien des lecteurs ariégeois ce récit sera sûrement suffisant.

Le maréchal de Ségur, assez oublié aujourd'hui, eut, dans la seconde partie du XVIIIe siècle, son heure de célébrité. Louis XVI, qui avait apprécié son « esprit ferme », à l'abri de toute critique, le choisit comme ministre de la guerre (2). Ces hautes fonctions le retinrent constamment à la capitale, comme auparavant la vie des camps d'abord, puis le gouvernement de Bourgogne, qui lui imposait la résidence de Besançon, l'avaient retenu loin de Paris. Il ne vint jamais dans notre comté de Foix. Son lieutenant général, le marquis d'Usson, le remplaça aux Etats. La correspondance qu'il échangea, pendant son gouvernement, avec le major de Foix laisse voir sa sollicitude pour notre pays et manifeste l'ardent désir qu'il avait de voir régner partout et toujours l'harmonie et l'accord entre le pouvoir et les subordonnés (3).

(1) *Opus citatum*. Un résumé de ce beau volume a été donné par M. Louis Dumolin dans les *Contemporains*, numéro 360, (publication de la maison de la Bonne Presse).

(2) Il le demeura sept ans, de 1780 à 1787.

(3) Nous publierons quelque jour, à l'aide d'extraits de cette correspondance, une petite étude sur « *les Gouverneurs généraux du Pays de Foix au XVIIIe siècle* ».

Le maréchal de Ségur tenait de sa famille la terre de Romainville, aux portes de Paris : c'est dans cette retraite que, quittant le ministère de la guerre à l'âge de soixante-cinq ans, il forma le projet d'aller passer ses derniers jours. La femme de son fils aîné l'y suivit avec ses trois enfants, et le vieillard connut encore quelques jours de bonheur intime : ils furent, il est vrai, de courte durée, car déjà le ciel s'assombrissait sur la France, et les clairvoyants apercevaient à l'horizon l'orage qui allait se déchaîner sur la patrie.

On verra plus loin, dans les pièces documentaires, que la Révolution le priva successivement de la pension royale, de son traitement de maréchal et s'empara de tous ses biens. Il vécut, dès lors, dans la gêne. Le jour même où la tête de l'infortuné Louis XVI roula sur l'échafaud, le maréchal et son fils quittèrent sans bruit la capitale pour s'abriter à trois lieues plus loin, au village de Châtenay. Dénoncé par un Jacobin, il vit arriver les agents de la Convention qui le ramenèrent à Paris et l'enfermèrent à la

Force où il passa six mois. Quand, avec la chute de Robespierre, les prisons s'ouvrirent, le vieux maréchal fut tout surpris de se trouver libre. Il se retira de nouveau au Châtenay, auprès de son fils aîné, le comte de Ségur. La goutte qui, peu à peu, envahissait tous ses membres, l'étouffa le 8 octobre 1801.

A sa mort, sous forme de lettre de faire part, on distribua à tous ceux qui avaient été en relations d'affaires ou en rapports d'amitié avec le maréchal la notice qu'on va lire. Nous reproduisons celle qui avait été adressée à M. Boyer dernier major de la ville et du château de Foix.

II

NOTICE DE LA VIE DE P.-H. SÉGUR CI-DEVANT MARÉCHAL DE FRANCE DÉCÉDÉ A PARIS, LE 11 VENDÉMIAIRE AN X AGÉ DE 78 ANS

Philippe-Henri Ségur se distingua très jeune dans les guerres de Bohême et d'Italie ; il se fit remarquer par son courage pendant le siège de Prague. A 19 ans, on le fit colonel, et à la bataille de Rocoux (1) il eut la poitrine percée, de part en part, d'un coup de fusil. A la bataille de Lawfelt (2), voulant ramener à la charge son régiment qui avait été repoussé trois fois, il eut le bras fracassé; et craignant que son absence ne ralentit l'ardeur de ses soldats, il continua de marcher, força les retranchements, et ne quitta son poste qu'après la victoire.

Louis XV, informé de cette action, dit à son père : *Des hommes comme votre fils mériteraient d'être invulnérables.* Son avancement fut proportionné à ses services ; il fut promptement maréchal-de-camp et lieutenant-général. Il sauva un corps d'armée à Warburg, et ramena, près Minden (3), au duc de Brissac, dix mille hommes d'infanterie qu'il croyait perdus et qui avaient combattu contre trente mille ennemis pendant cinq heures, sans être entamés. A Clostercamp (4), il reçut un coup de baïonnette dans le cou, trois coups de sabre sur la tête et fut fait prisonnier, après avoir résisté longtemps aux grenadiers qui l'entou-

(1) 11 octobre 1746.
(2) 2 juillet 1747.
(3) Minden, ville de Prusse (Westphalie), sur le Weser.
(4) Clostercamp ou Klostercamp, village de la Prusse rhénane.

raient. Depuis la paix, il fut inspecteur et s'attira la confiance des ministres par son activité, et l'estime de l'armée par sa fermeté.

On lui donna le commandement de la Franche-Comté. Ce poste était difficile : les Parlements et le Ministre, la Bourgeoisie et le Militaire y avaient toujours été en querelle. Sa justice, son esprit sage et conciliant et surtout sa franchise y rétablirent l'harmonie et la tranquillité. Louis XVI l'appela enfin au ministère de la guerre et le fit maréchal de France. Il fut sept ans ministre, rétablit la discipline dans l'armée et l'ordre dans les dépenses. C'est à lui que les soldats dûrent le bienfait de n'être plus entassés, par trois, dans un seul lit. Son ordonnance sur les hôpitaux, modèle parfait en ce genre, prouve à quel point il s'occupait de tout régénérer dans cette partie trop négligée de l'administration militaire. Ce fut lui qui créa l'état-major de l'armée, institution à laquelle nous devons peut-être aujourd'hui une grande partie des talens et des succès qui illustrent la France. Il quitta le ministère lorsque le cardinal de Loménie et l'intrigue s'emparèrent des Conseils. Depuis, il a vécu modeste et retiré, dans le sein de sa famille. Les orages de la Révolution lui enlevèrent toute sa fortune, qui consistait en pensions, ainsi que les grades et les ordres, qu'il avait payés de son sang.

A soixante-dix ans, pauvre, infirme, dévoré par la goutte et privé d'un bras, on l'enferma à la Force, sans permettre ni à ses enfants, ni à son domestique d'y être avec lui. Il fut aussi courageux dans le malheur, qu'il l' avait été dans le danger. Son langage conserva la même sagesse, son maintien la même simplicité, son âme le même calme qui l'avaient fait respecter au faîte des grandeurs. Il échappa heureusement au glaive funeste qui moissonnait tout; la tyrannie l'épargna, parce qu'il n'avait plus rien qui tentât son avidité. Les derniers jours de sa vie furent plus tranquilles : le premier consul, informé de sa position, adoucit la fin de la carrière de ce vieux et respectable guerrier, qui, en le plaçant à l'école militaire, lui avait ouvert le chemin de la gloire. La dernière année de sa vie fut très douloureuse, mais jamais il ne permit aucune plainte.

Il mourut comme il avait vécu, maître de lui et combattant froidement la douleur, comme l'infortune.

Il fut puissant et ne commit point d'injustice; il fut opprimé et n'en aima pas moins sa patrie. Bon père, bon époux, bon général, brave soldat, juste et sage ministre, excellent citoyen, sa mémoire doit être révérée par l'armée et par tous les Français.

III

A cette notice nous joignons, à titre de complément, deux lettres inédites, puisées à la même source et se rapportant toutes deux au maréchal de Ségur.

La première est écrite par le maréchal lui-même ; elle porte la date du 9 janvier 1797. Après les sombres années de la Terreur, profitant des premiers moments d'accalmie, M. Boyer fils s'était empressé de lui donner l'assurance de son respectueux souvenir. De Ségur trouve pour le remercier des termes affectueux et délicats. Il parle avec sympathie du Pays de

Foix et termine en déclarant qu'il conservera à cette province un « attachement constant ».

La seconde est adressée de Paris, le 8 brumaire an X, par le fils aîné du maréchal, L.-Ph. Ségur, alors membre du corps législatif, en réponse aux condoléances que lui avait fait parvenir, à l'occasion de la mort de son père, son ancien représentant ariégeois. Brisé de douleur et de plus très souffrant, L.-Ph. Ségur s'excuse de ne pouvoir donner des détails et exprime avec effusion la reconnaissance qu'il devait aux « honnêtetés » de M. Boyer.

« *Au citoyen Boyer le fils, à Foix,*
département de l'Ariège.

« Ce lundi, 9 janvier 1797.

« J'ai reçu, citoyen, les nouveaux témoignages
« de votre ressouvenir et de votre amitié avec
« un vrai plaisir. Je recevrai avec le même intérêt
« tout ce qui me viendra de votre part, et celle
« des vôtres et des nouvelles d'un pays auquel
« moi et ma famille nous avons été depuis si

« longtemps attachés. Mes deux fils sont égale-
« ment sensibles à votre ressouvenir ; ils se
« portent tous très bien ainsi que moi. Nous
« avons subi, dans le temps de la tyrannie de
« Robespierre, près d'une année de prison et la
« perte de la plus grande partie de notre for-
« tune. Ces revers ne m'ont pas empêché de
« prendre une part bien véritable aux horreurs
« que vous a fait souffrir le monstre Vadier. Je
« souhaite bien sincèrement que cette année et
« les suivantes soient plus favorables à vous, à
« votre famille et au pays de Foix auquel je
« conserverai, toute ma vie, un attachement
« constant.

« SÉGUR, le père. »

« *Au citoyen Saturnin-Marc Boyer, ci-devant*
« *major des ville et château de Foix, à Foix,*
« *département de l'Ariège.*

« Paris, ce 8 brumaire an X.

« J'ai lu, citoyen, avec une extrême sensibilité,
« la lettre dont vous m'avez honoré. Ma perte

« est irréparable. Les éloges que vous donnez à
« la mémoire de mon père sont dictés par la
« justice; il vous était réellement attaché, et j'ose
« vous assurer que j'hérite de cette disposition
« de ma famille à votre égard. Ma douleur trop
« récente et une maladie cruelle qui me retient
« au lit depuis un mois m'empêchent de vous
« répondre avec plus de détails, mais je vous
« prie d'être persuadé de ma reconnaissance
« pour toutes les honnêtetés dont votre lettre
« est remplie.

« Salut et considération.

« L.-Ph. SÉGUR, aîné. »

Une lettre inédite du marquis de Gudanes (mars 1738)

Le marquis de Gudanes fut une des personnalités les plus en vue du pays de Foix au dix-huitième siècle. Il était appelé, à Toulouse, le *roi des Pyrénées,* à cause de son beau château, situé non loin des Cabannes, dans la vallée de la haute Ariège. A ce titre quelque peu pompeux, ses amis ajoutèrent celui de *doyen de la noblesse toulousaine,* et, en janvier 1789, on le trouve président de la noblesse du diocèse de Toulouse (1).

« C'était un fort bon homme, écrit l'abbé Duclos (2), loyal, généreux jusqu'à la prodigalité, mais très glorieux. Arrivé à un grand âge, il se trouva, à raison de sa position sociale, à la tête des coteries nobiliaires, dans lesquelles

(1) De Castéras, *Société Toulousaine au XVIIIe siècle,* Toulouse, *Privat,* 1891, pp. 77 et 79.
(2) *Histoire des Ariégeois,* II, p. 518.

on travaillait, sans s'en douter, à renverser la monarchie. Des femmes de parlementaires et de nobles s'agitaient en tous sens, sur ce petit théâtre de province, pensant ridiculement jouer le rôle important des Chevreuse et des Montpensier. On sait qu'il y avait querelle entre les Parlements et la Cour de Versailles; Brienne voulait abattre la puissance parlementaire. Or, il se trouva que la noblesse du Midi, par je ne sais quel esprit turbulent, épousait la cause des parlementaires et prenait parti contre la royauté. Au lieu de défendre Louis XVI, et de repousser les calomnies par lesquelles on cherchait à avilir le monarque, la noblesse toulousaine fit cause commune avec les ennemis du roi. Le marquis de Gudanes en était. Sa coterie de dames politiques, toute composée de femmes sur le retour, et qui avaient connu le marquis plus jeune et très galant, le flattait en lui persuadant qu'il devait se regarder dans cette occasion comme le chef de la noblesse du pays. Le bonhomme se laissait faire, et se rendait exactement dans ces coteries en cotillon, où il s'imaginait jouer un rôle (1). Ces dames elles-mêmes y trouvaient à satisfaire leur orgueil féminin, en semblant se compromettre pour la politique, s'imaginant qu'elles pouvaient être exilées, pour des égratignures à l'autorité. »

Est-ce bien le caractère « vaniteux », stimulé par l'orgueil féminin des salons toulousains, qui avait lancé le marquis de Gudanes dans cette voie de dénigrement du pouvoir? Peut-être. Cependant une lettre inédite (2) qu'il écrivait alors qu'il était encore jeune, et très certainement à une époque où il n'était nullement stylé par les dames politiques des derniers parlementaires, révèle déjà chez le personnage un esprit indépendant, aigri par les déceptions, ennemi de l'astuce et des intrigues des gens de cour. On peut y faire fond pour expliquer des attaques voulues ou non, mais effectives tout de même.

C'est de Nancy que le marquis écrivit, en mars 1738, à M. Siret, son ami, major de la ville

(1) V. d'Aldéguier, *Histoire de la ville de Toulouse*, t. IV, p. 400.

(2) Archives privées de Mme de Dufau.

et du château de Foix, pour lui rendre compte de sa première entrevue avec le gouverneur de la province. Le gouverneur du pays de Foix était alors Henri-François, comte de Ségur, dont nous avons parlé dans une précédente étude. Il avait été désigné, sur la demande du maréchal de Belle-Isle, dont il avait su gagner l'amitié, pour servir sous ses ordres en Lorraine, d'abord comme maréchal de camp, puis, le 1er mars 1738, comme lieutenant général des armées du roi. Le siège de son commandement était à Nancy. Il y avait fixé sa résidence (1). De Gudanes s'y rendit pour solliciter de son influence le brevet de « commandant » de la province. Apparemment, c'est de cette faveur qu'il s'agissait. Les titres du candidat et l'appui du gouverneur ne purent rien, au moins en ce moment. Ce ne fut qu'en 1742 qu'il reçut le brevet convoité (2). Le gentilhomme ariégeois paraît décidé, peu habitué aux dessous de la cour, marchant droit, sans

(1) Voir le comte de Ségur, *op. cit.*, p. 30.
(2) Cette nomination est mentionnée dans une délibération du Conseil politique de Foix du 2 mai 1742. Georges Doublet, *Incidents de la vie municipale de Foix sous Louis XV*. Foix, *Gadrat aîné*, 1895, p. 29.

faiblesse, vers le but poursuivi. Il voit vite d'où partent les oppositions; c'est M. de Jallais qui avait mis le veto. Il est découragé et laisse entrevoir qu'il n'aime pas à faire trop longtemps la cour aux grands. « Je suis fort aise, dit-il, à la fin de sa lettre, de me dessiller pour le reste de ma vie ». Ces déplacements et ces entrevues sans résultat semblent avoir donné jour à sa rancune et augmenté l'indépendance de son esprit méridional. C'était la première remarque que nous voulions faire à l'occasion de son écrit et nous lui avons donné peut-être un peu trop d'importance.

La seconde sera plus courte. Le marquis de Gudanes trace en passant le portrait du comte de Ségur, ou ce qui est plus exact, note avec sa franchise habituelle des impressions qui peuvent servir à donner la physionomie du gouverneur. Le comte de Ségur, dit-il, est « un homme de cour plus occupé qu'on ne saurait croire ». Les moments de l'entretenir sont « rares et difficiles ». Il est franc, dévoué ; il est « d'un abord très froid et paraît fort essentiel ». Il vivait à Nancy « avec toute la magnificence du monde ». Ce n'est pas de lui que le marquis de Gudanes aura à se plaindre. Le comte le reçut avec des attentions « très distinguées » ; il avait fait aménager un appartement pour lui. Mais le marquis a hâte de connaître le sort qu'on réserve à son projet et il n'en profitera pas longtemps. Les de Ségur étaient, on le voit bien, attachés aux personnages de la province. C'est quelque chose d'avoir montré ces heureuses et délicates dispositions.

Le style épistolaire ne manque pas de coloris ; il n'est sans doute pas académique, mais il est tout de même assez coulant. Deux qualités précieuses le distinguent : la netteté et la précision. Aussi le lit-on sans fatigue et s'attache-t-on au personnage, d'ailleurs dévoué, actif, résolu et pas « double » du tout.

« A Nancy, le..... [mars] 1738.

« J'arrivais ici, Monsieur, le 12, après avoir
« avoir essuyé tous les événements du monde
« en chemin. J'ai été deux jours à Dôle chez
« MM. de Lordat. M. le comte de Ségur était

« parti pour Lunéville, la veille de mon arrivée ; il « savait ma marche par votre lettre du 28 février. « Le régiment de Vitry était arrivé le 10, M. de « Ségur avait beaucoup surpris mon frère en « lui disant que je serais le lendemain avec lui. « J'ai vu M. de Ségur un instant samedi, j'ai dîné « hier avec les ministres de l'empereur, tout le « monde sortit à 5 heures et nous entrâmes en « matière. C'est un homme de cour plus occupé « que vous ne sauriez croire, les moments de « lui parler sont très rares et très difficiles. Il « m'a fait voir deux lettres de M. de Saint-« Florentin remplies de difficultés sur le brevet « et dans lesquelles on voit plus clair que le « jour les oppositions de M. de Jallais. Je ne « l'aurais pas cru double. M. de Ségur m'a « parlé franchement sur sa femme, j'apprends « à connaître mon monde, mais je l'apprends « trop tard; il fut résolu hier que je partirais au « premier jour pour Paris afin de raisonner « avec M. de Lacouronne. M. de Ségur me « donnera toutes ses forces, mais comme je « ne suis pas un imbécile, je vous promets

« que mon affaire est manquée et que je
« n'aurai d'autre succès que celui de
« me déranger pour longtemps et d'épuiser
« ma santé. M. de Ségur doit me parler ce soir
« de votre mémoire, je lui dis hier qu'il était
« facile d'obtenir cette grâce, il me répondit
« qu'il le souhaitait infiniment, soyez bien
« convaincu que tous les ressorts de
« l'amitié joueront en votre faveur et que j'em-
« ploierai mille fois plus de sollicitations auprès
« du ministre pour vous que pour moi. Je sais
« que vous avez envoyé une copie de la réponse
« de M. de Lacouronne. M. de Ségur vit ici avec
« toute la magnificence du monde, je crains de
« partir sans qu'il me connaisse par la difficulté
« de l'entretenir. Il est d'un abord très froid,
« mais paraît fort essentiel. Ses attentions pour
« moi sont très distinguées, il a d'abord fait
« travailler à un appartement pour me loger
« chez lui, où il compte que j'irai demain, mais
« si je puis me lier dans son cabinet par une
« conversation d'une heure, je prendrai la
« route de la cour et celle de la province, étant

« résolu de ne pas me heurter à la poursuite
« d'un projet où l'on place autant de perfidie.
« Ne parlez pas de moi à M. le Comte de Ségur,
« attendez mon arrivée, vous aurez de mes
« nouvelles avant mon départ d'ici et je vous
« instruirai sur le champ de l'état des choses à
« Paris, mais d'avance, soyez parfaitement con-
« vaincu que la chose est manquée, et ne
« répondez pas. . . . . . . Je suis fort aise de
« me dessiller pour le reste de ma vie...

« GUDANE ».

Mémoire sur l'ameublement des appartements du château de Foix, envoyé au Commandant de la Province, le 8 décembre 1757.

Tous les amateurs de notre histoire locale connaissent à cette heure l'intéressant ouvrage de MM. Pasquier et Roger sur le château de Foix (1). Il faudra désormais s'y reporter. Les documents susceptibles de renfermer des détails inédits et curieux ont été minutieusement fouillés et heureusement condensés, et l'on ne saurait avoir la prétention de corriger ou de compléter l'œuvre commune de nos savants confrères.

Nous n'avons pas cette prétention ; nous vou-

(1) F. Pasquier et R. Roger, *Château de Foix, Notice historique et archéologique, accompagnée de gravures et de plans*, Foix, *Gadrat aîné*, 1900, in-8° de 150 pages.

lons simplement faire un peu de lumière sur un point tout spécial : à qui appartenait le soin de meubler les appartements du château ?

Depuis la réunion du Comté à la Couronne, le château de Foix ne reçut jamais, semble-t-il, des personnages de distinction. Il présentait, du reste, l'aspect d'une construction plus propre à recevoir des gens de guerre. S'il faut, cependant, en croire un document (1), le comte de Troisvilles et quelques autres gouverneurs avant lui l'auraient habité ; des réparations auraient même été faites sous leur surveillance. Rien ne nous autorise à infirmer ou à corroborer ce témoignage. Nous croyons être plus près de la vérité en disant qu'aux XVIIe et XVIIIe siècles, le château ne devint qu'occasionnellement la résidence des gouverneurs, des intendants et de leurs commissaires, lors de leurs rares visites ou de la tenue annuelle des Etats.

L'entretien du monument incombait à la pro-

(1) Cahier des demandes formulées par la province de Foix, le 17 août 1674, publié in extenso par l'abbé Duclos *(Histoire des Ariégeois*, IV, pp. 403-407) d'après le document original conservé aux archives nationales.

vince qui dut, à partir de 1639 (1), inscrire sur son budget la somme assez rondelette de mille livres. Des protestations s'élevèrent à propos de cette imposition, mais elles devaient demeurer sans résultat devant la ferme volonté du roi qui maintint officiellement l'affectation de ce crédit (2).

Un document que nous publions plus bas nous apprend que les appartements du château étaient, en 1757, sans meubles, et la cuisine sans batterie. Les commissaires des Etats et les consuls avaient la charge de les garnir. Vers 1754, le major Siret, s'apercevant qu'on ne pouvait trouver dans la ville des tapisseries convenables, prit le parti, après avoir obtenu l'agrément de l'intendant de la province, de faire plâtrer et orner en trumeaux les pièces du rez-de-chaussée. On supprima les tentures que ne nécessitait pas un usage de quelques jours. Les consuls n'avaient, dès lors, qu'à procurer les lits de maî-

(1) Alias Pasquier et Roger, (*op. cit.* p. 79), à partir du 26 juin 1626.

(2) Sur cette imposition de 1000 livres et sur les protestations qui surgirent aux Etats, voir l'étude de MM. Pasquier et Roger, pp. 68, 69 et 79.

tres, quand les commissaires n'en faisaient pas porter, et ceux de leur suite. Pour décharger de tout soin la communauté et les commissaires, on demandait, au moins pendant quelques années, le rétablissement des mille livres précédemment imposées sur l'ordre du roi. Elles pourraient être réduites ensuite à 500. En 1750 (1), l'imposition avait été abaissée à 200 livres, somme absolument nécessaire aux réparations intérieures et extérieures du château, des trois tours et des nombreuses dépendances. Les ressources manquaient totalement pour un ameublement décent et convenable. Les consuls priaient, en conséquence, le commandant de la province de représenter au ministre, qui les transmettrait au roi, les désirs de la communauté de Foix. Le mémoire fut envoyé à M. le comte de Donnezan à Pamiers, le 8 décembre 1757. En voici intégralement le texte (2) :

« Tous les appartements du château de Foix sont sans aucuns meubles et la cuisine sans batterie.

(1) MM. Pasquier et Roger *(op. cit.* p. 79) disent 1751.
(2) Archives privées de Mme de Dufau, née de Boyer.

« MM. les Commissaires des Etats et les consuls de la ville de Foix ont la charge de faire garnir de meubles lesdits appartements pour la tenue desdits Etats.

« Le sieur Siret, actuellement major dudit château, et subdélégué de M. l'Intendant, voyant qu'il n'était pas possible aux consuls de Foix de prendre chez leurs habitants des tapisseries convenables (ceux en petit nombre qui en ont en ayant besoin pour recevoir chez eux leurs amis et membres des Etats), prit le parti, il y a trois ans, avec les ordres et permission dudit Seigneur Intendant, de faire plâtrer et orner en trumeaux fort propres les appartements à rez-de-chaussée suffisants pour un usage annuel de peu des jours sans qu'il soit besoin de tentures, et depuis cette époque les consuls de Foix n'ont été obligés de faire fournir par leurs habitants que les lits de maîtres lorsque MM. les Commissaires n'en ont pas fait porter, ce qui n'a pu jamais être fait suivant leur rang et leur mérite, et de faire fournir encore et faire transporter au château environ dix autres lits pour les domestiques, officiers et cuisiniers de MM. les Commissaires, ce qui est une charge annuelle et coûteuse à la ville de Foix. Or pour dispenser MM. les Commissaires de tout soin et les consuls de la ville de Foix de faire fournir des lits de maîtres et ceux pour les domestiques, officiers et cuisiniers et les ustensiles nécessaires aux appartements habités et la batterie à la cuisine, on ne voit que l'unique moyen dont il va être parlé pour en être dispensés.

« Les Etats, par ordre du Roi imposaient annuellement la somme de 1000 livres pour l'entretènement du château de Foix, et depuis l'année 1750, cette imposition a été réduite à la somme de 200 livres absolument nécessaire aux réparations annuelles intérieures et extérieures du château, des trois tours, de la loge du geôlier, des prisons, de celle du portier et des écuries et autres causées par des accidents.

« On ne saurait donc donner au château de Foix un ameublement décent et convenable qu'en en représentant la nécessité au ministre et le priant de faire ordonner par le roi le rétablissement de l'imposition de 1000 livres, tout au moins pour quelques années, et de la fixer après pour l'avenir à 500 et au moyen de cette imposition de 1000 livres et les ordres de M. l'Intendant, on pourra donner audit château cet ameublement et décharger aussi de tout soin MM. les Commissaires des Etats et de toutes charges annuellement coûteuses. »

Le mémoire fut sûrement transmis à Paris, car, en 1759 (1), le ministre, le comte de Saint-Florentin, demanda et obtint, malgré les protestations de l'assemblée, le rétablissement du crédit. Mais l'ameublement du château paraît être demeuré à la charge de la communauté de Foix. Nous voyons dans les registres de délibérations du Conseil politique, qu'à la date du 11 novembre 1770, on donna à l'entreprise à un tapissier le soin de garnir les appartements pendant les Etats (2). En novembre 1781, le tapissier fuxéen qui se chargeait « d'ordinaire »

(1) Pasquier et Roger, *op. cit.* pp. 79 et 80.
(2) Georges Doublet, *Incidents de la vie municipale à Foix sous Louis XV*, Foix, *Gadrat aîné*, 1895, p. 43.

de meubler le château étant absent, on traita avec un appaméen qui demanda deux cents livres (1). Et ainsi on arrive à la grande Révolution qui devait tout bouleverser et faire disparaître les usages surannés. Les Fuxéens applaudirent au nouvel état de choses croyant être allégés des lourdes contributions qui pesaient sur eux. Ils ne devaient pas tarder à constater que les impôts ne disparaissent jamais, qu'ils ne font que changer de nom.....

(1) Georges Doublet, *Incidents... sous Louis XV*, p. 19.

Vieux monuments et anciens châteaux du canton de Tarascon, d'après un document de 1810.

Voici une pièce, peu importante du reste, écrite dans les commencements du dernier siècle, et qui, sans nul inconvénient, pourrait porter la date encore à venir de 1910.

Le 15 juin de l'année 1810, le préfet de l'Ariège demanda officiellement au maire de Tarascon des renseignements exacts sur les monuments et principalement sur les anciens châteaux du canton. Le maire répondit peu de jours après, le 27. Sa communication, rédigée avec intelligence et clarté — c'est chose assez rare de trouver ces qualités dans les rapports administratifs ayant trait à l'histoire — est aussi complète que possible. Elle n'exige aucun préambule, j'ajouterai même qu'elle n'a besoin d'aucune note explicative. C'est dire que le texte est méthodique et précis (1).

« 1° Il existe dans la commune de *Tarascon* un château dont l'étendue devait être assez considérable, à en juger par quelques vieilles murailles qui existent encore et qui formaient son enceinte. L'histoire du pays de Foix nous apprend que ce château a été alternativement au pouvoir des gouverneurs ou commandants qui se le disputaient dans le temps des guerres de religion. Ce château fut démoli sous le règne de Louis XIII et par ses ordres (2).

« 2° Il existait encore, dans le temps, des châteaux moins considérables dans les communes de *Saurat, Bédeillac, Quié* (3), *Cazenave, Serres-et-Allens* dont il ne reste pas vestige, à l'exception de la tour de *Calamès*, située dans la

(1) Archives municipales de Tarascon *Registre de correspondance (1er messidor an VIII-8 mars 1812)*. Il a été déjà publié par nous dans le *Moniteur de l'Ariège*, aujourd'hui disparu, du 4 mai 1902.

(2) En vertu d'une ordonnance de [illegible].

(3) Quié ou Ker, dont on distingue encore les restes informes de son château, paraît avoir été le siège de la tribu Euske des Kéruskes (Cf. A. Garrigou, *Etudes historiques sur le Pays de Foix*.)

commune de Bédeillac, et celle de *Montorgueil*, aujourd'hui appelée *Montjouï* dans celle de Saurat où l'on voit encore en entier les quatre murailles qui sont d'une très grande solidité. La construction de tous ces châteaux remonte au temps de Crassus, lieutenant de César. La tradition la plus répandue nous apprend que ces tours, qui sont d'une forme carrée, et toutes placées sur le sommet d'une haute montagne, servaient, dans les temps des Romains, à transmettre des signaux par le moyen des feux qu'on y allumait. On remarque encore sur nos montagnes des restes de ces tours qui correspondent les unes aux autres, et on prétend même qu'il en existe depuis Bayonne jusqu'à Barcelone.

« 3° Il existait encore un château dans la commune de *Rabat* qui a été longtemps occupé par les descendants des anciens comtes de Foix. Il n'en existe pas de traces aujourd'hui.

« 4° On voit encore dans la commune d'*Ornolac* des murailles qui forment l'entrée de quelques ouvertures de rochers, et la tradition la plus répandue nous apprend que c'étaient des gîtes qui servaient de retraite dans le temps des guerres de religion.

« 5° On trouva, il y a environ trente ans, en faisant des fouilles pour la reconstruction de la grande route dans la commune de Tarascon, trois ou quatre tombeaux de pierre de taille et d'une très belle dimension, ayant chacun leurs couvercles. On n'y reconnut aucune inscription ni la moindre chose qui pût faire connaître le temps auquel ces tombeaux avaient été déposés. Les squelettes humains qu'ils renfermaient paraissaient être des hommes d'une belle stature ; il y avait un petit tombeau qui renfermait le squelette d'un enfant. Un propriétaire de la commune a à sa disposition un de ces tombeaux qui lui sert d'auge. Je ne sais ce que sont devenus les autres.

« 6° Il n'a jamais existé d'abbaye dans le canton de Tarascon ; il y avait seulement dans la commune une maison appelée la *Maison de Sabart*, qui était destinée pour être le refuge des vieux prêtres infirmes du ci-devant diocèse de

Pamiers, qui a été vendue comme domaine national, à l'exception de l'église qui a été conservée comme oratoire, et où il n'y a jamais eu rien de curieux. »

Tout ce que le document de 1810 disait exister à cette époque existe encore aujourd'hui et ne semble pas avoir subi de sensibles modifications. On voit toujours à Tarascon, sur un rocher qui domine l'Ariège, une tour ronde (1), quelques pans de mur de l'enceinte crénelée, et au-dessous une porte ogivale remontant au XIIIe siècle. On voit encore les restes imposants du château de Calamès fièrement dressé sur la montagne qui protège Bédeillac, au couchant, et ceux de la tour de Montorgueil ou Montjouï, faisant le pendant au sommet d'un roc élevé, au septentrion, entre Saurat et Aynat. La solidité de leurs murailles défient toujours le *tempus edax* dont parle le vieil Horace. Près d'Ornolac, au-dessus de la coquette station balnéaire d'Ussat,

(1) La tour dite de Monnegro qui rappelait le combat livré aux Maures, près de Sabart, avait disparu avec le château en 1632.

on aperçoit aussi les restes des solides murailles qui devaient protéger et cacher les issues de la célèbre grotte de Lombrives. Enfin la maison de Sabart, successivement rendue à des destinanations pieuses après la Révolution, existe encore, quoique entièrement modifiée. Elle est silencieuse, à cette heure, muette même depuis la fermeture de son collège, il y a une vingtaine d'années, et le départ tout récent des trois missionnaires qui l'habitaient en dernier lieu. Par ailleurs, aucun des anciens châteaux mentionnés comme disparus n'a été reconstruit. Nous avions donc raison de dire que le mémoire pouvait tout aussi bien être daté d'un siècle plus tard.

TABLE DES MATIÈRES

FOIX, IMPRIMERIE LAFONT DE SENTENAC.

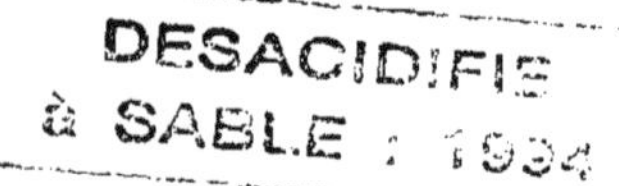

www.ingramcontent.com/pod-product-compliance
Ingram Content Group UK Ltd.
Pitfield, Milton Keynes, MK11 3LW, UK
UKHW020343180726
13839UKWH00002B/895

9 782329 521749